화산문고 시집시리즈

달빛내리는 하얀 밤

月下에 홀로 차를 치니
달빛이 내려와 벗이 되어 준다.
하얀 밤 찻잔에 앉은
그림자 세월을 담아
오색 마을에 소록소록 내린다.

著者 정 용 갑

도서출판 화산문화

작가는 어느 때 독자들 앞에서 벌거숭이가 되어 서 있을 때가 있다. 민망하고 어색할지 모르겠지만 독자들에게 전하고 싶은 이야기를 모두 토로했을 때는 오히려 작가가 독자를 우롱할 수도 있듯이...

좋은 글을 쓰고자 노력하는 것은 작가 모두의 공통된 생각이다. 좋은 글이라고 꼭 좋은 내용만을 담아내는 것이 좋은 글 일수는 없다.

우리는 한편의 글을 읽고 머릿속에 그림을 그려보는데 그 그림이 글의 내용대로 펼쳐진다면 어떻게 될까?
그런 글을 쓰고 싶은 것이다.

글의 제일 첫 번째는 호소력이 담긴 전달력이고 두 번째는 그것을 즐겁게 표현하여 재미있게 구성하여 독자가 '피~~식^^' 하며 입가에 짧은 미소를 남기는 것이다. 그리고 바로 내가 읽었던 글이 자신의 눈앞에 그림처럼 펼쳐지는 것이 정말 좋은 글이 아닐까 한다.

펜데믹 시대가 길어 지다보니 차분하게 글을 쓸 시간이 많아서 좋았다. 이젠, 나의 본업으로 돌아가서 세상의 사람들에게 문화예술의 즐거움을 전해줘야 할텐데...

매번 출간 때마다 북디자인을 자처해주시는 인디자인 손금택 실장님께 감사드리고 우연히 찍은 사진이지만 이번 詩集에 참으로 잘 어울리는 사진을 제공해준 벗 석근兄에게도 감사를 드린다^^

2023년 5월 31일
정 용 갑

- 차 례 -

제 1 장

제 2 장

제 3 장

제 4 장

제 1 장

길

그녀 얼굴

봄이 오면
첫사랑의 얼굴이 떠오른다.

그녀 얼굴 어디에 그려야하나
구름에
하늘에
바람에…

그녀 지워질까
가슴에 그려 놓는다.

길

멀리

등대 같은
친구가 있어

인생의 항해는
어둠 속에서

언제나
길을 찾는다.

꽃바람

남도로 갈수록
나무마다 새순이 돋는
향기가 난다.

봄향기가 나면
꽃향기가 나고
꽃닢 떨어진 몽우리에는
열매가 맺히겠지...

그리고 익겠지
천천히...
우리들의 인생처럼^^

달빛 바다

바다도 잠든 하늘에
보름달이 뜬다.

멈춰진 시간에도
뜨는 저 달은
어디서 왔을까.

새벽이 찾아오면
또 어디로 갈까
바다에 내린
나그네는 어디로 갈까.

갈 길 잃은 바다애서
오늘밤 잠이 든다.

동강 할미꽃

지금쯤 영월 동강을 가면
할미꽃이 피었겠지…
몇해 전에 나를 두고 떠나버린
약속한 친구는
자기 집 앞에 할미꽃이 피었다고
늘 자랑했었지.

그 친구는 없어도
동강에는 여지없이
그 자리에 피어
봄이 왔다고 활짝 웃겠지…
내 친구 웃는 얼굴도
할미꽃만큼 이뻤는데…

봄이 그리운 건
친구의 웃음이 보고 싶어
더 그리운지 모른다.

버들 고개

완행열차 버들고개 넘으려니
여름비가 내려앉아
동행을 하자고 하는데
저녁 바람이 자꾸만 밀어내네.

허삼관 좋아하는 돼지 생간에
황주 한잔치기 참 좋은날인데
어느 역에 내려서
산 고을 주모와 한잔 할까나…

비틀고개, 여우고개 다 넘어
갱아지풀 소글소글 노래하는
버들고개길 흥이 소림하구나.
그 소리에 나도 한자리 주지 않으렴.

넘어 넘어 산길너머
산 고을에서 기다릴 주모의 마파람이
마음을 설레게 하누만
이놈의 열차는 고개를 깔딱깔딱 넘는다.

봄비 오는 날

비가 온다.
아직 가지 못한 겨울이 있는데 봄비가 온다.
올 겨울은 우울한 이야기가 많았는데....
그 이야기를 덥기라도 하듯이
매화꽃을 부르는 梅雨가 내리나 보다.
열린 창가로 바람을 따라와 가슴을 적시는
영어의 친구 목소리가 담긴
소설한 빗소리가 하염없이 들린다.
만남이 있으면 헤어짐이 있다지만
헤어짐이 아픈 건 못다 준 것이 남아 있음이겠지....
이 비 오는 길에 다 뿌려 주어
시린 가슴을 비우고 푼데
강가에 핀 절개지도 애절히 고개만 떨군다.

살아온 이야기 구절구절한 마디마디에 담긴
세월의 무게가
빗길에 차곡한 봄이 오는 길목에 떨어진다.
아직 가지 못한 겨울이 있는
봄비 오는 날.

새벽이 오면

차창에 비친 여인의 얼굴에
우수가 깃들어 있다.
스쳐 지나가는 바람에 안기어
세월을 접으려는 깊은 고뇌가
초점 잃은 동공에 잠기어 있다.

어둠 깔린 차창너머에
우수의 여인은 무엇을 보고 있을까.
세월 저편에 새벽이 열리면
또 어디로 갈까…
새벽이 오면 길목에 떨어지는 발걸음

누구일까…
이 새벽에.

我人

지하철에 앉은
건너편 차창에 비치는
너는 누구인가
나의 모습인가...

세월에 묻어난 세파의 흔적
시름의 흐름을 따라 흘러 흘러서
여기까지를 왔는데
기다려주지 않는 강변의 춘매화

달 가듯 구름 가듯
잘도 가는 중년의 푯대들이
다시 돌아오지 않는 시간속으로
자꾸만 지워져 간다.

해남

바다 위에 걸린 초승달
쓸쓸한 가을밤을 외롭게 만들고
시린 얼굴엔 바람이 머물다 간다.

나의 외할아버지는
일정시대를 일본에서 사시다가
해방해에 고향으로 돌아오셨는데

그때 도착한곳이
지금의 해남이고
어린 딸을 백리 걸러 집을 오셨단다.

그 초승달엔 지금도
할아버지의 얼굴이 담겨져 있다.
환하게 웃는 나의 어머니도...

산골의 밤

저녁이 내려앉는 설악골에
밤이슬이 내린다.
소곤거리던 산새들도
저녁꺼리를 짓는지
둥지마다에서
연기가 피어나는
산골의 밤이 아롱거린다.

아롱아롱 그림 짓는
산골의 밤이
한 폭의 수묵화가 된다...

노을진 형산강

강바람 소리
바다 소리
여울져 우는 갈매기 슬픈 향기.

포구에 드는 느른 석양은
길게 늘어져 뱃길로 들고

포근히 감싸주는 어부의 손길인가
늘어진 형산강 노을이 깊어간다.

너는 어디로 가고
나는 어디로 가서
노을 진 세상을 만날까…

그리 깊은 세월에서 만나지 말고
그리 먼 세상에서 그리워말고
노을로 들어가자.

길게 늘어진 노을에는
인생도 사랑도 모두
그림자 속에서 살 수 있단다.

봄이 오는 강변

봄닢에 꽃술 넘실하게 따르고
지나가는 구름 한 점 안주삼아
덧없이
흐르는 우리 인생...

봄이 온 길
버들가지가 흐드러지니
강변에 찾아드는
소슬바람이 정겹다.

밤바다

설악산 바람이
낙산 해변에 떨어지니
곱게 핀 단풍이
동해에 물드나 싶다.
이렇게 또 한 계절이
가슴을 스치며 가는
아련함이 벌써 그리워진다…

그렇게 세월은 가고
낙화일로에 실려 온 인생
가거든 가고
오거든 오고
봄꽃에 뭉쳐 맺은 낙엽은
더욱 화려하다는데
기왕사 떨어질 낙엽이라면
밤바다에 화려하게 맺혀나 보자.

노을 기차

노을이 내려앉은 기차길 따라
도시를 벗어나
가을속으로 들어갑니다.

어둠이 오는
산모퉁이를 지나면
구절초 향기가 한 웅큼 날 듯한데

멀리 외로운
불빛 하나만이
설닢 가을밤을 밝히고 있습니다....

겨울로 가는 마차

하늘하늘 내린 눈은
덮을 것은 덮고
보일 것은 보이게
도화지에 하얗게만
그림을 그린다.

여울진 세월은
계절을 따라 흐르고
토닥거리는 인생은
도화지에 천천히 그려지고...
그렇게 인생은 흘러가는 것.

겨울에 눈이 없으면
그려야 할 인생 한 토막도
그리지 못하듯이
겨울로 가는 마차는
외롭기만 하려나...

가을이네

비 내리는 정자에서 내려 보이는
작은 연못에 가을이 떨어지고 있네.
석깨비 따라서 안개가 내려오네.

이 가을은 어디로 가나
이 가을은 어디로 가나…
세월에 묻혀
세월에 묻혀
다시 만나지 못할 시간속으로
사라져 가는 아쉬움이 그립다.

시간도
친구도
나의 형제도
그리움 속에 담아지는
이 가을이 그리워진다…

바다가 있는 풍경

그곳에 가면
아련한 섬광을 일으키는
한여름 밤 바다에 내리는 흰 눈이 있다.
아주 옛날
바다로 눈이 내리던 날 떠난
그런 여인의 버선발이 남아있다.

바다에 눈이 내리니 예쁜데...
바다에 눈이 쌓이면 더 예쁠텐데...
바다에 눈이 쌓이는 것을 보고 싶었던
눈처럼 고운 사람이었는데
오늘은 그 여인이 기다리던 눈이
바다에 소곡소곡 쌓인다.

곱디고운 여름 흰눈이
그 여인의 목소리가 되어 내 가슴에도
소곡소곡 쌓인다...

가을 도시

잿빛 도시 저편에
행복이라는 뭉게구름이 그려져 있다.
창문을 열고
가을 하늘 한번 바라본다.

멀리
여름을 떠나지 않은 버들개지가
마른 하품을 하며
강변에 길게 드리 누운다.

강바람이 다가와 손등을 두드리자
가을 저편으로 가라고 가리키는 곳
잿빛 도시는 가을이 기울고
나그네의 담배연기는 허공에서 춤을 춘다.

나는 갑이다

나의 유년
3학년과 4학년이 묻어있는
교정이 반갑다.

외할머니 손잡고
나주 사는 외삼촌을
만나러가는 날은
늘 설레고 기다려지던
즐거운 날이었다.
짜장면을 꼭꼭 사주셨기에...
그리고 십원짜리 지폐 한 장을
다 헤진 바지 주머니에
넣어주시면서 그랬었지.
"커서 드래곤 되라!"
그래서 행사 때
매번 비를 몰고 다니나보다.
나는 용이 싫다...
그래서 나는 갑이다^^

비양도의 밤

아름아름 아름다운 가로등불이
새색시 치마폭같이 수줍은 듯
얼굴울 덮으면서
수은등이 고개 숙이네.

붉게 핀 비양도 불빛
누구를 찾아온 듯한
그리움...
보고픈 사람이 찾아오려나

해당화 피는 밤
그리운 밤
당신을 잊지 못하는 밤
당신을 잊지 못하는 밤.

제 2 장

노을

달빛내리는 하얀 밤

月下에 홀로 차를 치니
달빛 내려와 벗이 되어준다.
하얀 밤 찻 잔에 앉은
그림자 세월을 담아
오색의 마을에 소록소록 내린다.

이 밤 내린 하얀 달빛
달빛에 비친 하얀 밤
밤하늘로 올라가는 둥근달
선녀 옷 섬 너울대듯
나빌래 나빌래라.

그리우면

그리우면 만나자.
마음에 그려 놓으면
그린만큼 다가온다.
지워진 세월만큼 그리우면...

가슴에 남아 있는
그리움이 있으면 만나자.
누군가에게...
늘 그리운 풍경이 되자.

꽃보다 채원아씨

봄날의 꽃이 예뻐서
꽃축제를 갔더니
우리 채원이만큼
눈에 들어오는 꽃이 없어서
화관을 만들어 보았는데
머리에 쓴 채원이가
눈에 선하다.

꽃의 계절은
세월을 따라 흘러가고
어여쁜 채원이는
꽃처럼 크기를
벚꽃 바람에 속삭여 보낸다...
우리 채원이 있어
봄이 참 아름답다.

노을

기차를 탄다.
가을속으로 들어갔는데
노을이 물들어 있다.

노을탄 기차 지나면
손을 짓는 갈대의 미소
가을인 듯 바람인 듯…

짙게 이글어진 서녘으로
이른 서설이라도 올까
노을도 구겨져 있다.

달맞이 꽃

달맞이꽃은
달밤에만 피는 꽃
달맞이꽃은 왜
슬픈 밤에만 필까.
슬픔을 담고 있기 때문일까?
달밤에 피기 때문에
슬픈걸까
슬프기 때문에
밤에 필까...

슬픈 달맞이꽃
오늘밤도 피어
슬픔을 달래고 있네...

슬픈 달맞이 꽃
슬픔을 달래고 있네.

梅雨

비가 내린다.
오늘이 춘분이라고
봄을 적시는 봄비가
강변에 몽우리를 튼
꽃나무마다에 내려앉는다.

이맘때면,
승주 선암사에는 홍매화가
수줍은 새색시 붉은 볼처럼
피어나고 있을텐데...
그 매화가 보고 싶다.

소슬소슬 가슴마다내리는
梅雨들의 정겨움이
이 봄을
더욱 예쁘게 수놓는 시간이
참 아름답다.

봄의 향기

창문에 스치우는 봄바람
잊혀진 여인의 사랑 속삭임
움트는 꽃향기 같은 달콤함이
가슴에 묻혀진다.

그 여인의 얼굴이
창문에 그려지고
설레임이 마음을 울렁이게 하는
봄날의 오후가 따뜻하다...

사랑은 비 같이

비 같이 이슬 같이
아주 오래전 같이
그 소녀의 그리운 그림자로
비가 오고
처마에 후두둑 빗소리에
잠이 들 수가 없어
이렇게 빗속에 글을 적는다.

그 소녀…
그 소녀
언제나 볼 수 있을까
떠나간 세월을
더 그립게 하는 시간에
비가 내린다.
사랑이 내리는 비 같이…

어깨동무

긴긴 여름 장마가 지나고
오늘은 하늘이 청명하다.
하얀 뭉개구름이 뒷동산의 국화같이
여기저기 흘러가는
가을 입힌 수채화 한송이 되어
그림 지운다...

인간이 만든 재앙으로
많은 사람이 고통을 받고 있는
이 어려운 시국도
맑고 푸른 오늘의 하늘처럼
언능 언능 지나가서
나의 벗들에게
웃음을 찾아주어
함께 어깨동무하면서
마음과 마음을 나누는
시간이 오기를 기다려봅니다^^

우리는

가슴 하나를 가지고 사는 사람이기에
하나인 나만을 생각하고 살아가기에
내가 먼저라고 살아간다고 한다.
그래서,
늘 고독이 가슴에 있다고 한다.

외롭다는 것은 나만의 슬픔이고 아픔이다.
나를 위해 아파해주는 사람
아파해도 나만큼 아파해 줄까.
그래서,
늘 우리는 혼자 떨고 있다.

인생의 끝이 어디일까.
잠시 왔다가 사라지는 것이 인생이듯이
모두가 손바닥에 잡힌 듯한 허물인데
그래서,
우리는 늘 영혼에 잡혀 사는 존재이다.

人生落花

봄의 꽃은
가을의 열매를 맺어주는데
인생은 이름 석 자를 남긴 채
한줌 흙으로 돌아가네!
우리 삶이 덧없다 하지만
그래도 이만큼 이루었으니
남은 세월 부둥켜안고
이 첨지 저 첨지 낙화일로 가세.

끝남은 곧 새로운 것을 시작하는
설레임을 주는 것
삶은 항상 호기심의 세상이니
즐겁지 않은가…
내려놓을 줄 알아야
다른 것을 채울 수 있듯이
남은 세월 소풍 즐기다가
어울렁 더울렁 함께 가세^^

여름 소풍

동녘이 밝아오니 버드나무에서
맴맴이가 울어댄다.
한여름 소풍와서 가는 날이 가깝다고
슬피 울어대는 목청이 가슴진다.

종달새처럼 하늘 높이도 못 날아
앵무새처럼 고운 목소리로 울지도 못해
조롱새처럼 화려하지도 못한 것이
여름날 소풍 와서 노래 한곡하고 가네…

아침이 오기 전에 울어대는 곡조는 무엇일까
사연이 있다면 들어나 줄 벗이 있을 터
미간에 적힌 이야기 울음으로 전하려나
여름날은 그리 길지 않으니 다 푸댓기거라.

아침부터 울어대는 맴맴이
세월을 저만치 밀어내 놓아도
맴맴이 소풍 끝나는 날이면
이 여름도 떠날 터이겠지…

슬겹다

아미에 아미에 슬겹다.
내리는 빗속 가슴 가슴이 슬겹다.
나무마다에 내려 앉아
이파리 마다 슬겹다.

소곡 소곡 소리내며 밤을 적신다.
슬겹다...
슬거운 빗소리가
이 밤 아름답게 아롱진다.

시산제

산이 속삭였다.
산에 산에 산이 있다고
꽃나무가 향기를 낸다.
나는 개나리 너는 진달래

계곡이 외친다.
졸졸대니 즐겁다고
새들이 노래한다.
우리는 관악산 가수라고

친구들이 쫑알댄다.
조율이식에 어동육서라…
산신령님이 노하셨다.
산에서 누가 떠드냐고

그래도 시산제라고
돼지머리대신 친구 머리로
한번 차리면 낙장불입
퇴주잔으로 음주가무...

시산제 찾아온
산신령님도 즐거워
주거니 받거니 오수의 시간
이래서 산신제라네~~^^

동행

하찮은 내 그늘에 벗이 찾아들었거늘
즐기는 한잔 술도 권하지 못한 번뇌에 갇히니
구름이 지나간 동편 하늘이 어둡기만 하네.

세월의 한때가 쉼 없이 지나가는 오늘도
벗들의 시간도 나의 시간도 어디로 가는데
잠시 멈춰 세우고 질라래비 연연해보세.

앞서거니 뒤서거니 무슨 소용이라고
뒤돌아서면 저만치에서 따라오는 벗이거늘
그냥 어깨동무하며 나란히 가면 될 것을…

[나의 동무]

녹음 짙게 깔린 도시에서
늘 마음에 담긴 벗이 보고 싶어도
살아가는 일상들이
시간을 붙들고 있네.

오늘은....
내일은....
지나가는 세월의 무게 앞에
달력의 날자만 세이고 있는
현실의 아픔이
우리의 모습인가 보네.

그래도,
그리우니 보고 싶네.
나의 동무!

가을엔

낙엽 밟는 소리
사각사각…
님 그리워 찾아가는 소리
소곤소곤…
가을 떨어지는 소리
추렁추렁…
구름에 달 가듯이
뭉개 뭉개…
세월은 흘러흘러
가는 곳이 어디인가!
우리도 얼기설기
곁다리 얹혀가네…

그녀

늦은 저녁 어느 전철역에서
바바리코트를 두른
여인의 뒷모습에서
세월 저편으로 잊혀져간
그녀의 모습을 본다.
만날 수 있을 것 같은...

잠시 꿈을 꾸면 나타나곤
현실인지 꿈인지
깨어나면 현실을 아파하게 만드는
아픈 그녀가 그립게 한다.
세월이 가도
세월이 가도 아프다...

이렇게 아파해도
이렇게 아파해도
다시 만날 수 없는 것이
더 아프다.
그래...
나만 아파할게...

겨울비

겨울비가 온다.
봄을 기다리는 새순들의 부름일까.
쓸쓸한 계절을 지나온
가슴에 촉촉이 내린다.

시림을 달래는 담배 한 모금
깊게 파고드는 빗 내음의 고독.
떨리는 가슴에 살아있는
아련한 옛 그림자들....

봄을 부르는 겨울비가 내리고 있다.

잊혀져간 사람도
잊혀져간 시간도
모두....
겨울비 속에 내리고 있다.

봄을 부르는 겨울비처럼 내린다.

백운 호수

낙엽은 떨어지고
나의 마음엔
낙엽이 쌓인다.

버려야 할 것을 모두
세월 저편에 묻어 버리고
무심한 세월을 따라
흘러가는 시간이 아쉽다.

호수를 덮은 가을이
나의 가슴에 내려온다.
세월이 떨어지듯이...

고송집

왜 이리 구석에 있어
애간장을 태웠는가!
그리운 맛을
그리도 감추고
숨어 꼭꼭 있으며
사람들의 발길만을 기다린
그대는 얄미운 맛집!

계곡에 비가 내리니
처마에 떨어지는
빗소리가 더욱
소슬하기만 하다.
소슬 소슬 바람소리처럼…

하늘이

하늘 하늘
내 사랑
하늘구름 같은
내 사랑

내 사랑
하늘 하늘
내 사랑
하늘거리네

남도 친구

친구!
자네가 보고 싶어
무작정
아침을 나섰는데
벌써 해가 떨어지고 있네.

친구!
자네 계신 곳이 그리도 먼가?
그냥,
조촐히 저녁 술상이나
차려놓게....

제 3 장

청보리

은빛 물결

달을 보니 달이 밝아
은어가 은빛 물결에서
춤을 추네.

은빛 물결에
은어가 달빛처럼
윤이 나고
달빛에 비치는
호수 또한 은빛이니
삼색이 모두 은빛으로
가을밤을 비추네.

백양사

구름이 잔다.
하늘 멀리
눈처럼 하얗게 뭉개지어서
겨울 따사로운 햇살받아
토끼 숨소리 내며 꾸벅꾸벅
산그늘에 기대어 잠들어 있다.

산그늘에 도란도란
구름 한 점 쪼아 먹고
지난 가을 강남으로 떠난
친구들의 이야기가 정겹기만 한
까치들의 목소리가
인걸 끊긴 산사에 아롱져 퍼진다…

세월아 가지를 마라

이런들 어떠하리
저런들 어떠하리
만수산 드러누워
하늘만 바라봐도
이승의 개똥밭이
구적골 가는 길보다
행복한 것을~~^^

귀천

기왕사 왔으니
하나도 남기지 말고 베풀며
후회없는 사랑도 하고
뒤 돌아 보지 않을 人生!

그렇게 돌아가는 날
친구들의 웃음 받으며
구적골 먼저 가면 어떻고
늦게 가면 어떤가…

어차피 왔던 곳 다시 돌아가니
울 엄마도 만나고
고운 분칠한 누이도 만나고
내 붕알 만지며
허첨지에게 자랑했던
내 할배도 만나는데…

기쁘게 살았으니
기쁘게 가입시다^^

꽃비

선녀의 깃자락에서
떨어지는 비늘이
온 세상에 송글송글.

하늘에서 내리는 꽃잎이
천년의 무늬가 되어
헐벗는 가지들을 입힌다.

이 가을 가는데...
덧없이 가는 세월
세어서 무엇하리...

봄봄봄

뒷동산에 내려앉은
봄을 맞이하러 동네 아낙네들
옹기종기 마실 나와
산나물 캐는 봄 햇살이 아롱지다.

파릇하게 쏟아 오른 보리싹이
동구 밖 지나가는 봄바람에 손을 흔들고
물 한 모금 머금은 강가의 버들강아지는
졸리운 눈으로 봄기지개를 편다.

실종

세월은 내게
가지마라 하지만
속절엄이 가는 인생
살짝 걸어 가라한다.

오늘도 텅 빈 가을
홀로 적셔지는 쓸쓸함.
어디로 가나...
어디로 가나...

별

별들이 너희 집 가면
나는 어디로 가나...
빛이 없어 어두워
길도 안 보이는데...
윤동주 시인의 별은 어디
황금찬 시인의 별은 어디
내 친구 태웅이 별은?

너는 왜 먼저 갔니...
내가 그려놓은 내 별도 있다.
나 가면 너희 별 알려 줘라
나는 가기 전에 내 별 알려줄게
내 별로 찾아오면 좋겠는데...
우리 아직 못한 이야기 많잖아
태웅아! 막걸리 사갈까?

거기는 정말 독 밑바닥이 빠졌어?
그럼 새 독부터 사가야겠다.
네가 좋아하는 윤동주 시인은
자주 만나면 뭐하는데…
그 시인은 별만 세다가 갔으니
좋은 별이 됐을거야.
너처럼 착한 별이 됐을까…

소곤소곤 오시나

빗소리가
좋아
그녀 그리운 만큼
비가 내린다.

언제나
그녀 볼까...
그리운 만큼
빗소리 따라서 올까.

솔솔 거리며
울타리 때리는
그녀 목소리
들릴 듯 하는 밤.

창문너머 어렴풋한 부름이
빗소리인 듯
그녀 목소리인 듯
소곤소곤한 밤.

이별

닻에 묶여
그 자리에만 맴돌며
쪽배 타고 떠나 간
님의 이름만 부르짖는
부표같은 우리 인생...

슬프지 말고...
조용히 바다를
불러보기만 한다!

집에 가는 길

집에 드는 길에
쪽달이 서녘에 걸려
외로운 사내의 발목을 잡는다.

너마저 왜 집에 들지 않고
어둠 깔린 섬 자락에 매달려
바다만을 내려 보고 있는가…

너도 나처럼
허전한 가슴을 쏟아 낼
사연이 있는가?

그래봤자 인생은 새옹지마
세월이 가면 묻혀 지고 잊혀 지는 것이
우리 가는 길인 것을…

여백

人生!
무겁게 살기 싫어
구름에 달가듯이
시린 날 해무리처럼
바람에 실려실려
그리움 그린 그림속에서
풀 한포기면
나는 만족하네...

열아홉 순정

물안개 사이로
아침 햇살 내려
여울로 비치는
물새 열 마리가
호수면 거울에 내려앉는다.

배시시 비시시
가을단풍 물든 얼굴로
지난밤 아직 남은
이바구 저바구가
여울에 떨어져 퐁당 퐁당한다.

즐겁다네.
이제 열아홉인데
오늘은 열아홉…
우리의 가을이었네.
낙엽아, 천천히 떨어져다오…

잊혀 진다는 것은

오늘은
비가 멈추지 않을 것 같다.

내 사랑도
여름날에 떠나기가
아쉬운가 보다.

잊혀 진다는 것은
모두
슬픈 것이다.

여간의 시간

아침내 뿌리던 봄비가
하오의 시간에
앞 산 자락에 안개비를 만든다.

봄 향기 물씬 풍기고파
남도행 기차를 타고
내 어머니 젖 내음 나는
나주 벌을 달린다.

계절은 때마다 오고
세월은 쉽게 가고
마음은 바쁘기만 한데.

언제 겨울인가 했던 계절이
봄이 왔다고 매화꽃이 알려준다.
청매화 홍매화
청실홍실 예쁘겠다...

인생의 주어진 시간.
사랑만 해도 순간인데
그 순간을 사랑하지 못하고 있다.

소풍을 왔으니
소풍처럼 즐기다
소풍 끝나면 배낭을 매고
나의 집으로 돌아가면 되겠지^^

청보리

내가 가는 길을 따라 고개 숙이고
나를 따라 온다고 자꾸 보챈다.

봄이 왔으니 여기 있으라
머리를 쓰다듬어 주어도
내가 가는 길 따라 온다고
자꾸 고개를 돌리는 너를
여기 두고 가려니

발걸음 떨어지지 않으리만
봄 찾아 온 내님 오거든
나 간 곳 길이나 알려 주려마…

각두골

산길은 여기저기 방목을 안고 산다.
각두골 설악에도 여름비가 내리고
인걸들이 두엇 사는
여름이 내려앉은
으름이 열리는 정다운 산골…

언제 누가 들어와 살았는지
들창 난 폐가로 들락거리는 다람쥐.
입 안 가득 도토리가
가을이 오는 소식을 물고 있다.
가을이 여름을 좇아 왔을까…

언제 누가…
각두골이라고 불렀을까!
인적 지나간 지 몇 날이 되었길래
빗길에 젖은 여름 낙엽이
낭랑한 목소리로 노래 부른다.

밤차

어제는 한강에 춘설이 내리더니
새벽에는 불청객처럼 반달이 좇아온다.

아침이 깃들려면 아직 멀었는데
서쪽으로 기우는 달그림자가
밤을 달리는 차창에 아로 새겨진다.

반쪽만 든 달빛이 빼꼼이 쳐다본다.
너의 반쪽은 어디 두고...

철길에 누운 그림자가
너의 반쪽인지 연신 따라 오는데
너는 왜 자꾸 차창에 매달리니.

만나지 못하는 인연은
평행선만 그리며 평생을 달린다는데
차장에 매달린 너의 그림자인가...

서설

서설이
파도소리에 눈을 뜬
소녀의 눈망울 속에
소복소복 쌓인다…

서설이
바람이 내려앉은
소녀의 눈망울 속에
소곡소곡 스치운다.

서설이
봄비 흩날리니
소녀의 눈망울 속에
보슬보슬 내린다.

서설이
벚꽃 뿌리듯이
강변에도 산등에도
인생인생 떨어진다.

마천골

산길을 따라
흘러가는 안개구름이
저수지 아래로 내려와 앉는
고연한 마을의 하오…

그 옛날
변강쇠와 옹녀가 찾아와
꽃잠을 치루었던
서낭당의 비루한 처마.

칠선녀는 간 곳 없지만
그녀들이 사랑한
계곡의 소담들은 옹기종기
푸르른 아침 해를 담아낸다.

새 꼴이 되면
산골 여기저기서 모여드는
인걸들의 참새 방앗간
짜장면 집은 불이 나고...

언덕배기 막걸리 주조장
지금도 한말 말통에서
흘러내리는 술을 마신 흰둥이
햇살 드는 곳에서 오수를 때린다.

빨강지붕

빨강지붕 처마에 내리는 빗소리가
아주 먼 옛날
소녀가 부르던 노래만 같다.

비오는 날이면
소녀의 부르는 노래를 기다리며
창가에 앉아 기타를 치던

그 소리에 소녀 부르던 노래
작아지면 어쩌나 마음 조리며
드문드문 제로 코드만 두드리곤 했었지.

오늘은 누가 나를 불러줄까...
아주 먼 옛날 소녀는 가고 없지만
처마에 떨어지는 빗소리는 소녀만 같다^^

달빛 떨어지는 정자

가을 달빛 아래에서
지나가는 구름한점 안주삼아
밤을 세웠더니
아직도 망각의 시간.

달빛이 진 정자.

홀로된 육신의 고독이
때로는 자유스럽기만 한데
오늘도 가을바람은
여명의 세월을 담고 간다.

깔딱 고개

청계산 산길에는
깔딱고개가 사람을 잡네.
사랑하는 연인
행복한 가족들
옹기종기 뭉쳐진 친구들
그들이 고개를 넘으며
정을 잡고 웃음을 잡네.

그것만이 아니라네
진달래 능선을 오르고
개나리 마을을 지나니
풀어진 다리가 고개를 만나니
사지육신을 잡아대네.
친구 그러네...
깔딱깔딱 깔딱거리라고^^

꿈꾸는 천사

오늘은 무엇을 할까
오늘도 꿈꾸는 천사여!
바람이 왔다간 자리에
내 사랑을 남기고 갔을까!
오늘도 꿈꾸는 천사여!
그리움마다에 흔적이 남은
그림자를 기다리는
나의 사랑.
꿈꾸는 천사여!

제 4 장

꽃비야 꽃비야

달밤

좋은 벗과
맛난 술에
달빛 그윽이 드는
정자에 앉아

서녘으로 기우는
초립동 달을 그리며
오늘이 가장
젊은 날이라고

서로를 위로하는
한잔속의 넋두리가
참 행복하다^^

꽃눈

선녀의 깃 자락에서
떨어지는 비늘이
온 세상에 송글 송글
꽃눈으로 내려
천년의 무늬가 되어
벌거벗은 가지들을 입힌다.

저녁노을에 걸려
낙도를 넘지 못한 채
거친 숨을 토해내는 바람은
너울너울 꽃눈을 뿌리고
천년의 무늬가 되어
시린 바다를 적신다.

그대 사랑

낮에는 해에 비추고
밤에는 달 속에 담겨
나를 쳐다보는 그대 모습이
나 살아가는 동안 늘 살아있을
그대 사랑.

때로는 길게
때로는 짧게
해와 달에 안부를 전하고
길을 떠나도 만날 수 있는 곳에서
잠시 머물러 그대를 바라보네.

그대 사랑
그리도 그리워
그리움이 다 떨어져버려도
다시 그려 하늘로 보내면
찾아올까나 그대 사랑!

꽃비야 꽃비야

지금쯤 춘천 공지천에는
꽃비가 내리겠지…
나의 첫사랑 소녀은 없지만
떨어진 꽃잎 수만큼
사랑했던 시간도 남아 있었는데.

소녀가 보고 싶으면
찾아들었던 그곳
꽃비 내리는 오늘
더욱 그리워서 흘러내리는
사나이 순정…

꽃비야 꽃비야 그만 내려라.
내 사랑 소녀도 떠나간단다.

님

은혜를 가슴에 담은 채
절간 종각 구석에서
향기도 품지 못하는 부용화로 피어
애절한 人生을 사는 여인.

연못 정자 기둥에 기대어
먼발치에서만 은혜를 바라보며
달 기운 새벽까지 울지 못하는 적벽새로
눈을 감고 귀를 닫고 사는 여인.

떠날새라 밤마다 주름에 잠기어
매일매일 은혜에게 가는 눈물의 강
고갯마루 하루 열번 스무번 넘어보지만
님을 두고 떠나지 못하고 눈물짓는 여인.

은혜하는 님 걸어간 걸음마다
초동치마 살포시 놓아
겨울가는 길목 외롭지 않게 그려 놓고
소리없이 목을 놓아 우는 여인.

당신

혼자이면 외로운 것을
둘이면 괴로운 것이
무슨 이유일까...

당신 떠난 후 알았네...
둘이었기에 괴로움 남아
혼자만의 외로움보다
더 아픔이라는 것을

혼자였기에 외로움
둘이였기에 괴로움
당신 떠난 자리에
봄비가 내립니다.

동무

너를 보면 내가 비추고
나를 보면 네가 있다.
계곡자락에 비가 멎으니
산안개 이슬 품어
가을로 가는 구름아.

내 동무들 내일도
여기 와서 노닐어도
오늘처럼 행복 짓는
너도 되고 나도 되어
세월 뭉기게 해 주어라^^

봄날이 오면

봄날이 오면
첫사랑이 내 얼굴에
새겨진다.

나는
그녀의 얼굴
어디에 그려야 하나

구름에...
하늘에...
지워질까봐

마음에 그린다.

사랑꽃

순수하고
완전한 사랑은
나에게
있는 것이 아니라
사랑하는
그대에게 있습니다…

쌀밥

하얀 쌀밥을 하늘에 지어 놓으셨네.

어머니는 늘 그러셨다네...
밥은 잘 먹고 다니니?
밥 먹었니?
든든히 챙겨 먹어라!

그렇게 어머니는 늘 자식 밥걱정에
어머니 품 떠난 자식을 걱정하셨다네.

눈 내리는 오늘 같은 날
하늘을 올려다보니
어머니가 어느새 하얀 쌀밥을 수북이 지어
하늘아래 담아 놓으셨네.

밥이 보약이라며
자식들 밥걱정하시던
어머니의 얼굴이 하얀 쌀밥 속에 있네~~^^

그 여인

창문에 스치우는 봄바람
잊혀진 여인의 사랑 속삭임
움트는 꽃향기의 달콤함이
가슴에 묻혀진다.

그 여인의 얼굴이
창문에 그려지고
설레임이 마음을 울렁이게 하는
봄날의 오후가 따뜻하다...

저녁 그림

가로등 켜진 간이역에
가을 코트를 입은 여인이
홀로 서 있다.
사랑하는 사람을
기다리고 있을까.
떠난 사람을 배웅했을까…

시간마다 지나가는
기차는 알까…
갈대닢을 울리는
바람은 알까…
선로 옆 들국화는
아는 듯이 웃고 있다.

내 친구 윤수

내겐 친구가 있네.

나도
그 친구처럼 살고 싶다고
친구에게 스스럼없이 말을 하네.

친구 그냥 웃네.
그냥 웃네...

너처럼 살려면 어떻게 해야 하는데...

그냥 웃네.
행복이 담겨있네.

소녀

강기슭에 가을이 내려앉으니
산 넘어 떠오르는 달이 달무리지어
수줍은 얼굴 감추려 분칠을 하네.

세월이 이리도 많이 갔는가!
그리저리 세어도 손가락 오무렸다 폈다 하기를
네 번을 하고도 하나가 모자르네...

강변은 그대로 있을까...
우리들의 노래 소리에 잠이 들었던
달빛은 지금도 떨어지고 있을까...

익어가는 가을을 닮아
고웁게 치장을 한 계절의 아름다움이
그 시절의 아련함으로 거울에 비치는데

그 소녀들은 없지만
붉게 물들어가는 석양에 그림 지는
소녀가 있었네...

빗물

그녀 남기고 간 사랑에
여름이 떨어진다.
그녀 떠날 때 가져가지 않은
눈물일까…

아직 남은 슬픔
세월이 가도 쌓이는 흔적들이
빗방울 맺혀
창가를 그리는 수채화 한 폭 속에.

그녀 눈동자에
고인 애잔한 눈물…
여름이 남아
내 가슴에 떨어진다.

당신을 다시 만난다면

당신을 다시 만난다면
당신을 위해 내 인생 다시 살겠소.
뜨거운 사랑으로
당신만을 위해 다시 살아가겠소.

그래서
더욱 당신이 보고픈 이 밤.
당신을 위해
지금 나는 무엇을 해야 합니까…

당신!
이 밤.
너무 보고픈대
뜨거운 당신 사랑이 목마른데

당신이 돌아와 주면
정말 행복하겠소.

내 사랑

너는 내게
사랑을 주고
나는 너에게
사랑을 주는데
너는 사랑을 몰라.

사랑은 그런 거야
사랑은 그런 걸까
사랑은 그런 거지
사랑 참 어렵다
그래도 사랑할거야.

가을밤

가을밤 바람을 묻혀
보름달에 그려놓은
나의 얼굴을 들여다본다.
바람에 실린 인생
어디로 갔을까...
세월이 흘러간다고
세상을 원망한다고
다시 돌아오지 않는
세월인 것을...

추억이 많은 사람은
늙어서도 외롭지 않다는
친구의 이바구가
위로를 준다^^

사랑해요

당신은 나를
사랑하나요?

고개 떨구는 것이
사랑인가요...

고개를 드세요.
나를 보세요.

빨개진 내 얼굴을...
그대를 사랑하니까.

사랑하니까
사랑해요.

누가...
내가 그대가^^

우리 엄마

보리 핀 들판에 노을이 지고
저녁은 그렇게 조용히 내린다.

길 건너 산등마을에
전봇대 등불 하나 둘 켜지면
굴뚝에 나는 연기는
어둠속으로 숨어 버린다.

우리엄마 밥 먹어라
어디선가 부를텐데
오늘은 엄마가 안부르네...
산등성에 잠드신 우리 엄마

내일은 내가 밥 해 드려야지
우리 엄마 좋아하는 보리밥 대신
내가 좋아하는 쌀밥으로...
우리엄마도 쌀밥 좋아 하실까!

매향이

멀리왔다고
벗과 술 한잔 치고 일어나려니
가지말라고 붙드는
주모가 꼬시랍스럽네...

주안상 시원찮아
간다했더니
머리칼 팔아 온다고
하는 개성의 매향이인가~~!!

그래,
자네 말대로 여기 퍼져
오늘밤 밤새 마신들
세상이 어찌되겠소!

비와 가로등

어림진 가로등 아래
비가 내린다.
가로등은 빗속에서
깜박깜박 흐렸다 밝았다
어림진 존재가
그래도 서슴플 그려지는
등불이 아름답다.
이 밤이 아롱진다.

그리움

첫사랑 소녀가 보고싶어
여행을 떠난다.
그곳에 가면 있을것 같아
무작정 몸을 싣고
열차는 달린다.

그곳에 가면 있을것 같아
가슴설랜 밤을 지나
서설이 내린 철길위로
내 마음같이
바쁘게도 내달리는 완행열차.

그곳에 가면 있을것 같아
춘천행 열차는 늘 설렌다.
그래서 그립다.
그녀도...
춘천행 완행열차도...

화산문고 시집시리즈
달빛내리는 하얀 밤

2023년 5월 15일 印刷
2023년 5월 20일 發行
지은이 정 용 갑
펴낸이 허 만 일
펴낸곳 화산문화

등록 : 1994년 12월 18일 제 2-180호
서울 종로구 통인동 6번지 효자상가 2층
전화 (02)736-7411~2

ISBN 978-89-93910-60-5
정가 12,000원